Mine de rien, la vie des petits est une aventure passionnante, riche en premières fois, en découvertes, en sentiments souvent intenses. La collection Mine de rien les accompagne, s'adresse aux enfants, à leurs parents et aux adultes référents qui les entourent. À travers les dessins de ®obin, si alertes et tendres, elle met en scène des situations de la vie quotidienne, au plus près des enfants.

Catherine Dolto, accompagnée de son éditrice complice, Colline Faure-Poirée, apporte son savoir unique dans le domaine de l'enfance, elle apparaît en fin d'ouvrage sous les traits de Dr Cat et s'adresse aux enfants, comme si elle était, en face-à-face, dans son cabinet de médecin. Elle pose des mots sur ce qui agite le monde des petits, sur ce qui les trouble et les inquiète. Elle aime dire: «quand on comprend mieux, on grandit mieux.»

MINE DE RIEN

Docteur Catherine Dolto
Colline Faure-Poirée

La maternelle

Illustrations de Robin

Gallimard Jeunesse Giboulées

Un jour, on est assez grand pour quitter sa crèche, ses parents ou sa nounou. On entre à l'école maternelle dans la classe des petits. C'est un grand moment dans notre vie. On a peur ou on pleure parfois et on est très content en même temps.

Le premier jour, la maîtresse nous attend, nous accueille, elle nous demande comment on s'appelle. Pour bien se débrouiller à l'école, c'est mieux si on est propre le jour, si on sait se laver, manger et s'habiller seul et dire le nom de toutes les parties de notre corps.

1
2
3
4
5
6
Lundi
JANVIER
FEVRIER
MARS

Il faudrait aussi savoir dire le nom de nos parents, de tous nos grands-parents, même ceux qu'on ne verra jamais parce qu'ils sont morts ou que les parents ne veulent ou ne peuvent pas les voir.

À l'école, on va apprendre à vivre ensemble, à faire des activités nouvelles avec d'autres enfants et se faire des amis. On a une maîtresse ou un maître, quelquefois ils sont deux. Ils nous disent ce qu'il faut faire, ce qui est interdit, parfois ils nous grondent, parfois ils sont très contents de nous et ça fait très plaisir.

Souvent, on les aime beaucoup, mais si on n'y arrive pas, ce n'est pas grave, ils sont là pour nous apprendre des choses qu'on ne sait pas encore et on les quittera à la fin de l'année. Quelquefois on a une maîtresse sévère et on l'aime quand même.

Il y a aussi une dame qui est là pour nous aider à nous habiller, à aller aux cabinets, à nous nettoyer, à manger, à nous moucher et même pour nous consoler quand on a un petit chagrin. Souvent elle est gentille, c'est bien et ça rassure.

Quand on arrive dans la classe, on dit bonjour à la maîtresse et aux autres enfants. C'est très important de se dire bonjour, ça aide à passer une bonne journée ensemble. Puis on enlève son manteau, on l'accroche sous notre nom et notre photo, parfois on met des chaussons ou un tablier.

Pour entrer à la maternelle et s'y sentir bien, il faut déjà avoir un peu grandi. C'est très amusant de faire tous ensemble pipi et caca dans des cabinets. Il faut bien se laver les mains après.

À midi, on se rassemble pour déjeuner, on apprend à goûter des choses qu'on ne mange pas à la maison. Les dames qui sont là pour nous aider ne peuvent pas s'occuper de chacun. Il faut savoir manger tout seul.

Quelquefois, ceux qui se débrouillent bien aident les autres. Avant et après les repas, on se lave tous les mains dans des lavabos à notre taille. Si on sait déjà le faire tout seul, c'est plus facile.

Ensuite, on va faire la sieste, c'est drôle de se coucher à l'école ensemble. C'est difficile de rester en silence comme la maîtresse le veut, mais ça repose bien, même si on ne dort pas vraiment, c'est un temps calme et ce n'est pas du tout comme dormir à la maison.

À l'école, on apprend plein de choses nouvelles et les mots nouveaux pour les dire : les couleurs, les formes et aussi le nom de tout ce qui nous entoure. On apprend à sentir ce qu'on trouve beau ou pas beau, juste ou pas juste, vrai ou faux, amusant ou pas. Les mots servent à penser et à dire ce qu'on sent. Comme ça, on se connaît mieux soi-même et on grandit.

On fait de la peinture, de la pâte à modeler, on danse, on chante, on fait la cuisine. On met tous nos sens au travail, on apprend à sentir : à écouter, à toucher, à voir le monde qui nous entoure. On découvre des gestes, des mouvements nouveaux, nos mains et nos pieds deviennent plus habiles. Bouger, ça fait penser parce que ça fait travailler notre cerveau : comme ça, petit à petit, notre intelligence se construit.

En observant les plantes ou les animaux qui vivent dans la classe, on apprend les mots de la nature, les mots pour la décrire, pour la soigner. Les mots de la terre, des océans, et le nom des animaux.

On apprend ce qui est bon pour la nature, on découvre l'écologie: on éteint la lumière dès qu'on n'en a pas besoin, on ne laisse pas couler l'eau pour rien, on ne jette pas tout n'importe où, on respecte les animaux et les plantes.

Parfois, on dessine un grand arbre avec ses bourgeons, ses feuilles, ses branches et son tronc et on y place toute sa famille: c'est notre arbre généalogique. On y met les mariages, les naissances, les morts. Chacun dans la classe a son arbre. C'est une occasion de vérifier que tout le monde connaît la grande loi des humains: les filles n'ont pas le droit de se marier avec leur père, ni les fils avec leur mère, et les frères et sœurs ne se marient jamais entre eux.

À l'école, on se fait des amis, on vit de grandes émotions: on s'aime, on se déteste, on se fâche, on se bat, on se réconcilie, on se fait des câlins, on se sent tout à coup très seul, ou bien on se trouve une amoureuse ou un amoureux. Et puis, parfois, on devient très triste parce que nos parents nous manquent. Quand l'école est finie, on se dit au revoir et chacun retourne à la maison.

Les maîtres et les maîtresses ont aussi des enfants, un mari ou une femme et même des parents, et quelquefois des chiens et des chats.

Les mots du
Dr Cat

« **Tes** parents sont inquiets parce que tu ne leur dis rien de ce que tu fais à l'école. Pourtant, tu as l'air heureuse d'y aller. Tu as tout à fait le droit si c'est simplement parce que tu as envie de garder ça pour toi, parce que c'est ta vie à toi et que, peut-être, tu ne sais pas encore les mots pour dire tes sentiments. Mais il faut que tu comprennes que s'il se passe quelque chose qui te peine, qui t'inquiète ou te fait du chagrin à l'école ou sur le chemin, tu dois absolument leur en parler parce qu'ils sont là pour t'aider et te protéger. Mais si tu veux m'en parler à moi, cela restera notre secret, sauf si c'était une chose tellement grave que je te dirai que c'est trop sérieux pour rester entre toi et moi. »

Gallimard Jeunesse Giboulées
Sous la direction de Colline Faure-Poirée
Édition Sofia Cloès • Conception graphique Christophe Hermellin
Loi n° 49-956 du 16 juillet 1949 sur les publications destinées à la jeunesse

ISBN 978-2-07-512291-7
Numéro d'édition 399150
Premier dépôt légal juin 2019
Dépôt légal juillet 2021
Imprimé en France par Pollina - 98552a

PEFC 10-31-2065